都内のあるところに
結婚して42年になる写真家の
田沼武能さん（通称トーチャン）と
歯科医師で料理好きの
敦子さん（通称カーチャン）が
仲良く暮らしておりました

ところが、その家は
どこまでもモノで溢れた
家だったのです

こんな家で

棺桶出せるか

武能

小学館

目次

第一章 考える

ここが、旧ダイニングテーブル。

ある日、ふと考えました。毎日4階まで片道44段分の階段の上り下り、トーチャン（昭和ヒトケタ世代）にはさすがにキツイ！

もう60年近く住んでいる家の中はモノでいっぱい。でも、トーチャンたちにはとっても住みやすくて、一見雑然とみえるそれぞれの部屋は二人とも「何がどこにあるか」ちゃんとわかっているので居心地がよいのです。

でもね、もっともっと快適に過ごせる方法はないかな？と二人は考えました。

「そうだ！トーチャンが写真事務所として使っているところをリフォームしたらどうかな？」

「いい考えだけど、写真家業70年、オレの歴史的仕事の数々はどうするんだ？すごい量だよ」

「きちんと整理して……」

「いつ？」

今でも、ほぼ毎日のように撮影や出版の打ち合わせなど仕事するトーチャンにそんな時間はありません。

「う〜ん、とりあえず階段の数は少なくなるけど…」

「だけど、玄関の間口がすごく狭いぞ。こんな狭くって、オレの棺桶出せるのか？

いやだよ、ベランダから吊るして棺桶出すなんて……怖いよ」

とにかくモノが多い田沼家【トーチャン編】

【書斎】

この部屋で多くの執筆をしています

【衣装部屋】

トーチャンはどこになにがあるか全部把握してるそう

現役写真家として、ライフワークである世界の子供たちや武蔵野の自然を撮り続けて65年。ずっと日本写真家協会の要職にあったので講演や、執筆の仕事、大学での後進の指導もしました。

　また、師匠である木村伊兵衛氏の写真管理の大役もある。作品の一葉は過去を語る貴重な資料でもあるのです。

　いまも、あのときのあの写真を、と借用に来る企業なども後を絶ちません。「ある程度広げて「その1枚」を選ばないといけない。広げて俯瞰で見ないとね。片付けてる時間なんかないよ」

【リビング】

リビングなのに
どこもかしこも
モノ！モノ！モノ！モノ！

2021年　撮影／東松友一

ほぼ毎日の
ように撮影に
出かけます

【ダイニング】

ご飯食べるのも
仕事するのも
このテーブルで！

歯科医師と料理愛好家の二刀流！

【カーチャン編】

【キッチン】

週5日往復100㎞近い職場の歯科医院に通うカーチャン。休日には、大好きな美術館巡りや、ショートトリップ、食べ歩き、おいしいモノ探し…。

いつもお友達を楽しませるアイディアをいっぱい抱えて、驚かすのが大好き。そして、お手製のスイーツやオリジナルのジャム、お惣菜も大好評です。

「たいていはキッチンにいることが多くて、アイロンかけも縫物も自分の部屋というよりキッチン。本の原稿は自室で、とクロスオーバーに部屋またぎで生活してるから、ごちゃついて見えるのかな」

ここが田沼家唯一の整理された場所

【仕事部屋】

棚や階段を使って、
調味料や缶詰などの
ストックもわかりやすく
まとめている

ここまで
出されるとは
トホホ……
トーチャンも
カーチャンも
想定外！

【衣装部屋】

たくさんの
服の中には学生時代に
着ていたものも！

応接間は「書」を認める時に使う神聖な場所

第二章 整える

飯田先生（左）とカクさんはそれぞれの仕事を進行。

まず、田沼家の修繕をお願いしている「東聖ハウスシステム」の薄井恪司（通称：カクさん）に相談することにしました。

カクさんは2階の事務所を見て「これは、昔の仕様だね。フルリフォームになるかな…」と言って、簡単な図面を引きました。

しかし、1963年に建てられたマンション。丈夫ですが、事務所として使っていたので配線や換気の場所、防音、水回りなどの基礎を直さないと住むのには適しません。

そして「キッチンのコンロはガスがいいのだけれど」「お風呂は大好きだから、スペースが欲しい…」といった具体的な商品の相談は、収納カウンセラー・飯田久恵先生に相談です。

「一度ショールームに行って見てみましょうよ。今はすごく進化しているのよ」

ショールームに行くと、最新のモデルが何種類も並んでいて、カーチャンは目移りしてしまいます。「お掃除しなくていい換気扇？お湯が沸いたら保温してくれるコンロ？」「流行のマグネット収納でお玉や、レードルが壁にくっつく？」まさに大人のワンダーランドです。

カーチャンの希望を聞いて飯田先生のプランとカクさんのが合体して図面が完成しました。そして、トーチャンが一言、

「この間口で棺桶は出せるのか」

カクさんのアイディアと工夫で、これも見事にクリアとなりました。

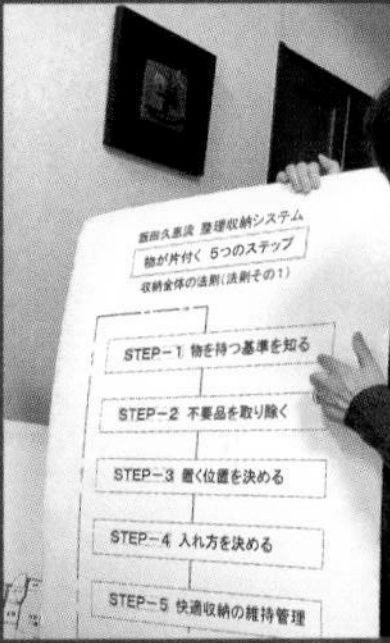

収納カウンセラー

飯田久恵さん

収納家具・システムキッチンの設計経験を活かし、主婦目線で個人の生活スタイルに合わせた整理収納を設計の段階から提案している。1990年、日本で最初の収納提案の会社「ゆとり工房」を設立した整理収納の第一人者。(社)日本収納カウンセラー　代表理事
https:www.yutori.cobo.co.jp

収納は生き方、暮らし方

私のやり方は、まず「これからの人生をどう暮らしていくか」をお聞きして考えるところから始まります。ご家族がいるならば、これを機にそれぞれの気持ちを話し合ってみるのもよいでしょう。たとえば、ご夫婦二人で「もっと出かけよう」とか、「家にいるときはテレビを必ずつけているけど、私は気になる」とか、ある程度具体的に希望や考えていることを話す事です。

それから、現実の状況を見つめ直し今後の生活に必要な物、不必要な物を分けていきます。共通のスペースなのでお互い必要性が高い物から考えていくとよいでしょう。

次に、新しい住まいのスペースに、それら必要なモノを、どの位置に、どんな家具に収めるかなどを、動線や使用頻度を考え、図面の中にミリ単位で書き込みます。

一般的に、収納は家ができてから整えるもの、と思われていますが、実はそれでは遅いのです。住み始めてから、ここに家具が必要だけれど、掃き出し窓で置けない、車いすなどの動線を考えるとドアの開閉が逆の方がよかった……など、設計の段階で確認すれば、後悔しません。田沼家も図面の段階で検討したので、棺桶も出せるようにできたのです。

また、私はできるだけ出し入れの「アクション数」が少ない一目瞭然となる収納を提案しています。それはラクに片づくようにしたいし、探しものを無くしたいからです。実はそれも、家具の選び方で可能になります。

物を捨てるか、残すかの判断は15分以内に

棚や引き出し、本棚などから要らないものを整理する時は、「今から15分だけ」と決めると取り掛かりやすくなります。普段忙しい方もこれなら時間が取れるでしょう。

また、気を付けることは、全部出して判断しないこと。

全部出すと、使うモノをまた戻す、という無駄な手間が生じます。コツは間引きという感じ。間引きならどこでやめても、モノが出たままになることがありません。

毎日、こつこつ15分！要らないものを減らしていきましょう。

現状の写真を撮っておくと達成感が「見える化」

田沼家はご夫婦ともまだまだアクティブに活躍されているので、それぞれの場所を大切に、まあ行ってみれば、お互いを尊重しての生活になりそうです。

「お二人とも専用のデスクがほしい」「コンベックの大きなガスオーブンは必要」……お聞きした限りのわがままなリクエストにも可能な限りお応えします。でも、無理な事もありますよ。

そして、元のおうちから選び抜かれた物だけを新しいスペースに持ってくるときには現状の写真を撮っておく事をお奨めします。こんなに片付いた、すっきりした、というのを「見える化」するとモチベーションも上がります。ぜひやってみてください。

ただ、田沼家は楽しく片付けながら収納していく……まだまだ過程のようですけどね。

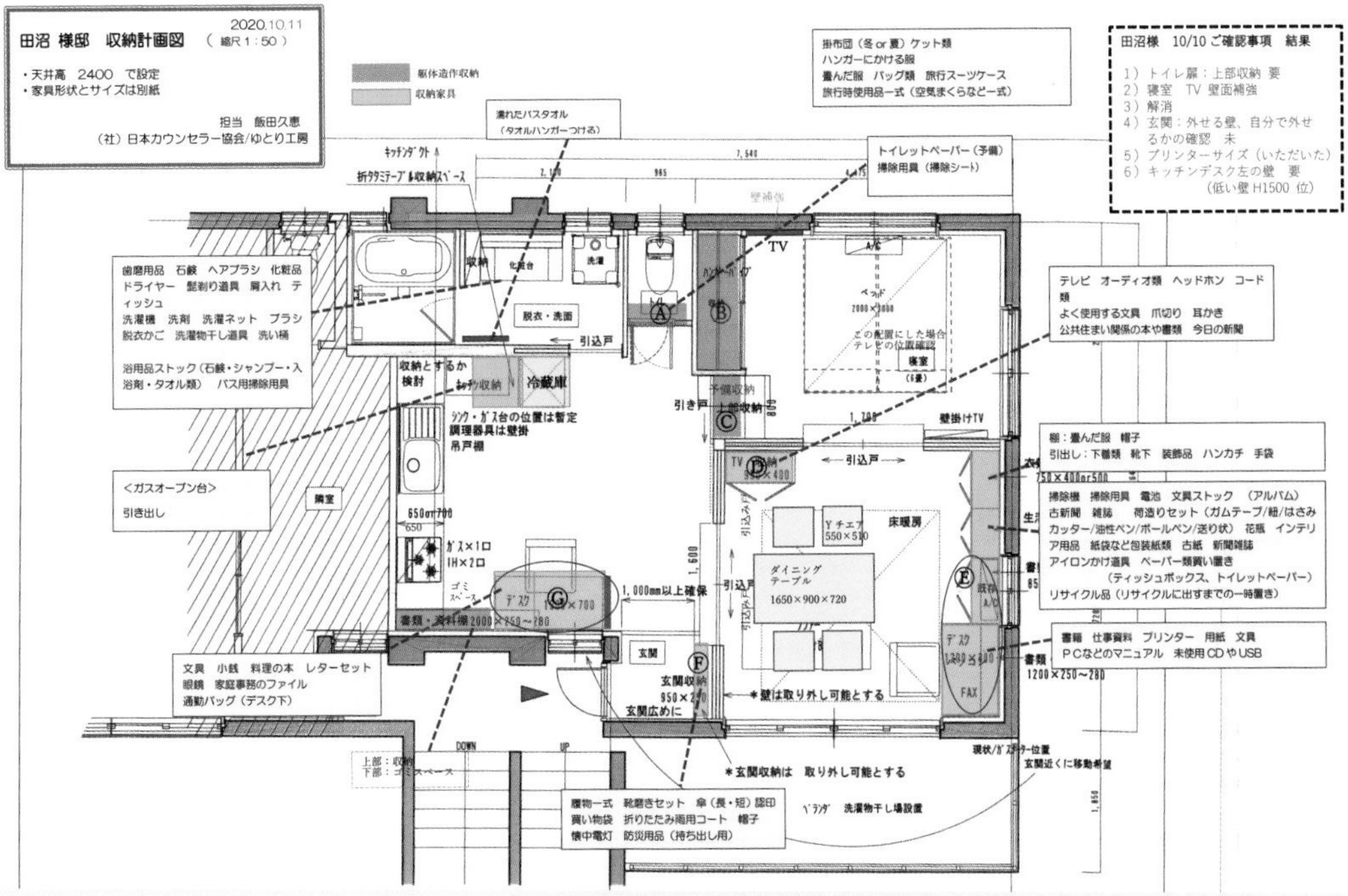

この図ひとつで、生活の動線も、収納するモノをどこに入れるかなどが表現されています

何を入れるか、どのように使うかを考えてオリジナル収納家具を設計。

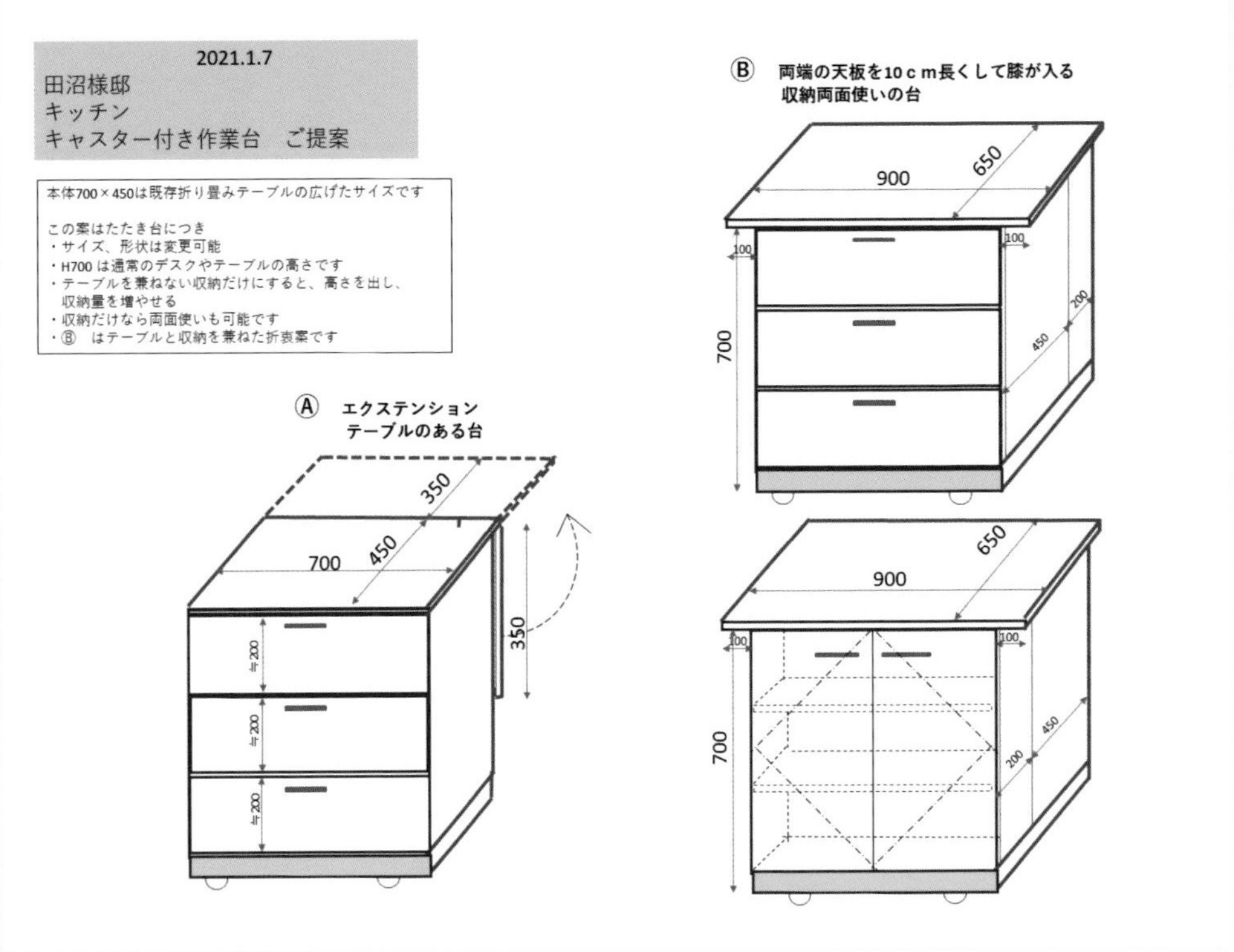
2021.1.7
田沼様邸
キッチン
キャスター付き作業台　ご提案
本体700×450は既存折り畳みテーブルの広げたサイズです
この案はたたき台につき
・サイズ、形状は変更可能
・H700 は通常のデスクやテーブルの高さです
・テーブルを兼ねない収納だけにすると、高さを出し、収納量を増やせる
・収納だけなら両面使いも可能です
・Ⓑ　はテーブルと収納を兼ねた折衷案です
Ⓐ　エクステンションテーブルのある台
350
700
450
350
Ⓑ　両端の天板を10ｃｍ長くして膝が入る収納両面使いの台
900
650
100
700
450
200

キッチンカウンター設計図

Ⓑ案のキッチンカウンター完成写真

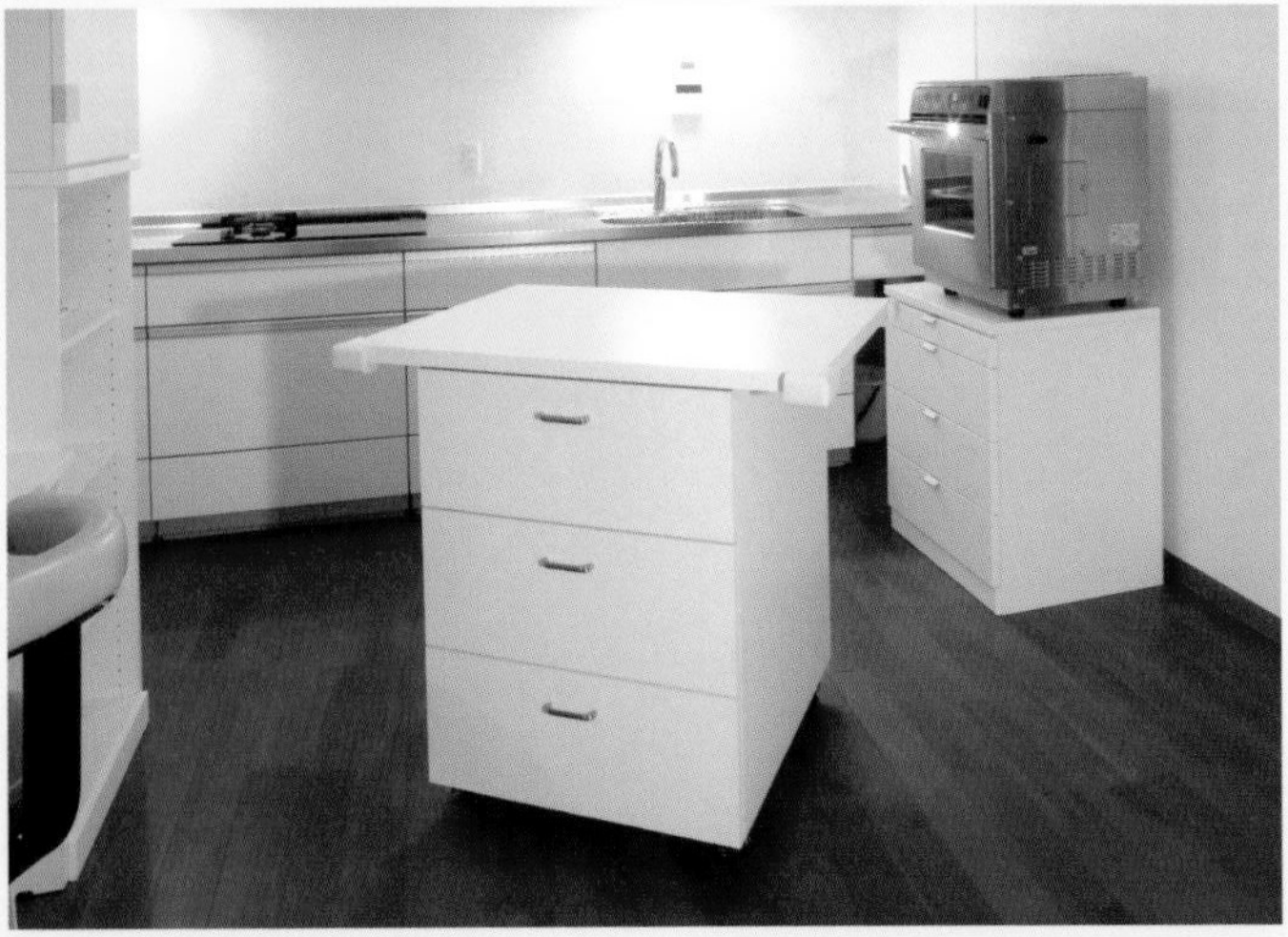

キッチンカウンター

前面は深めの引き出し3段、背面は観音扉に棚をつくり、キャスターをつけて可動域を広げました。

調理台として、テーブルとして、また収納としても使えるものを、という希望を叶えるように試行錯誤で作りました。

飯田久恵の
出し入れ
楽チン!
クイック
収納術

・・・飯田久恵さんの本・・・
モノ別の収納法も掲載。
身近に置いておきたい
『飯田久恵の[出し入れ]楽チン！
クイック収納術』
（PHP研究所刊）

各種収納棚を設計

収納棚に、何を入れるか、それぞれの家の生活習慣や、モノの量によって考えてアドバイスしていくのが、飯田式。

▼システム家具から選んだガスオーブン台

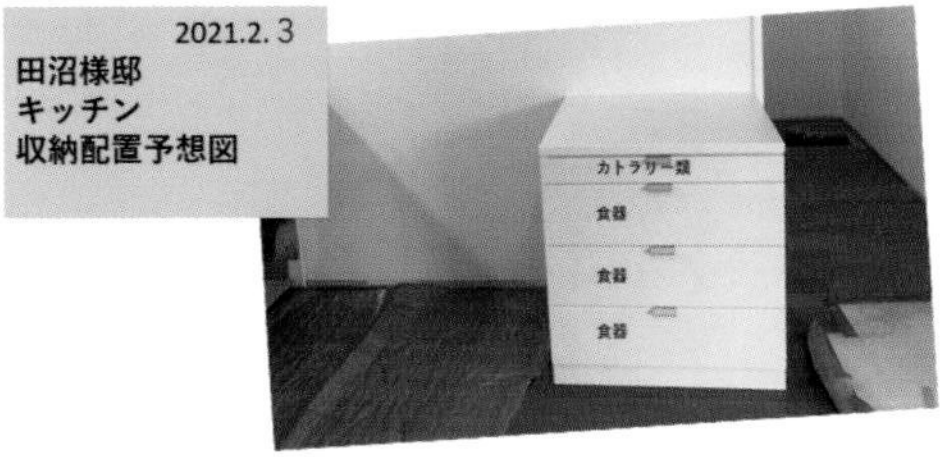

▼既製家具にはないものは設計して造作

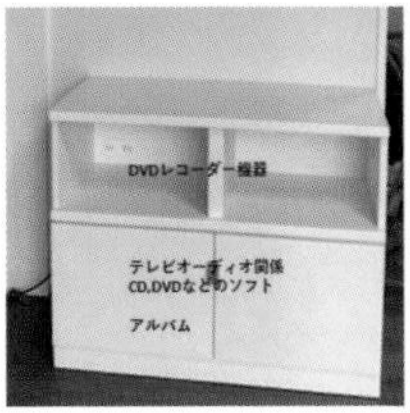

◀システム家具から選んだテレビ台

クローゼットの中の設計

服の量や厚みなどを考えてミリ単位で設計。吊るしの服が多いか、セーター類が多いか？などもリサーチします。

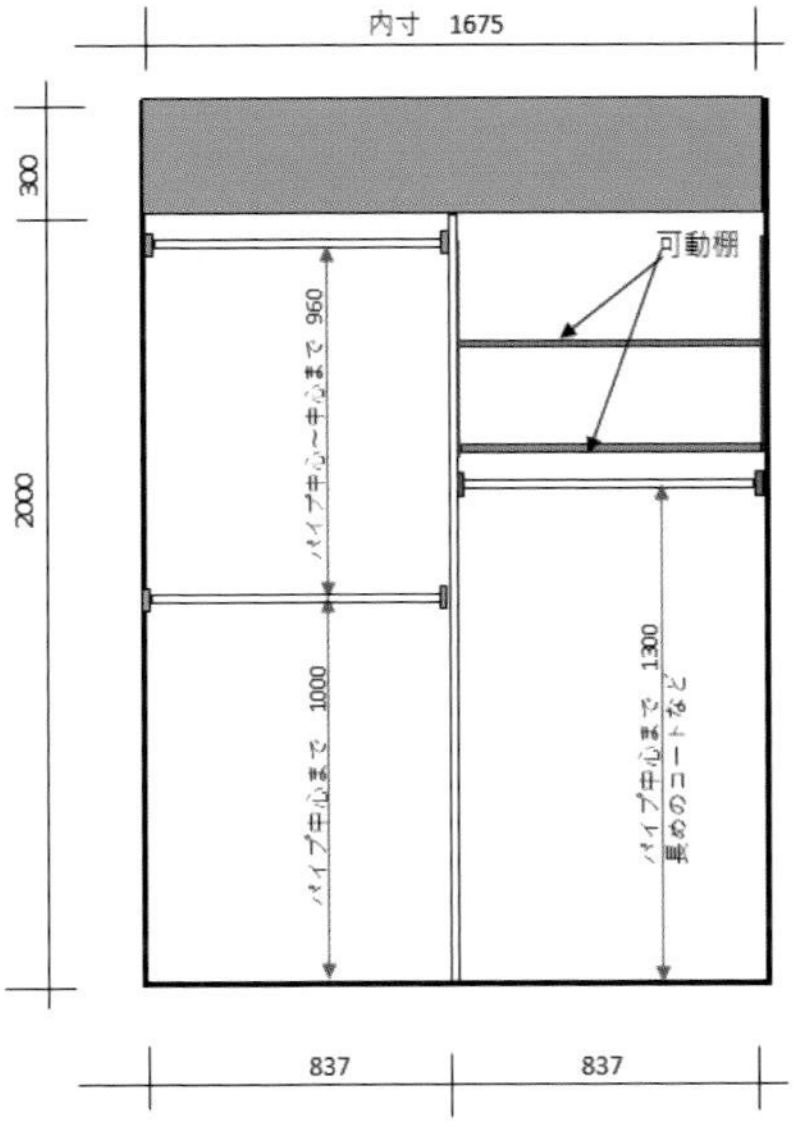

クローゼット収納設計図

キッチン収納設計図

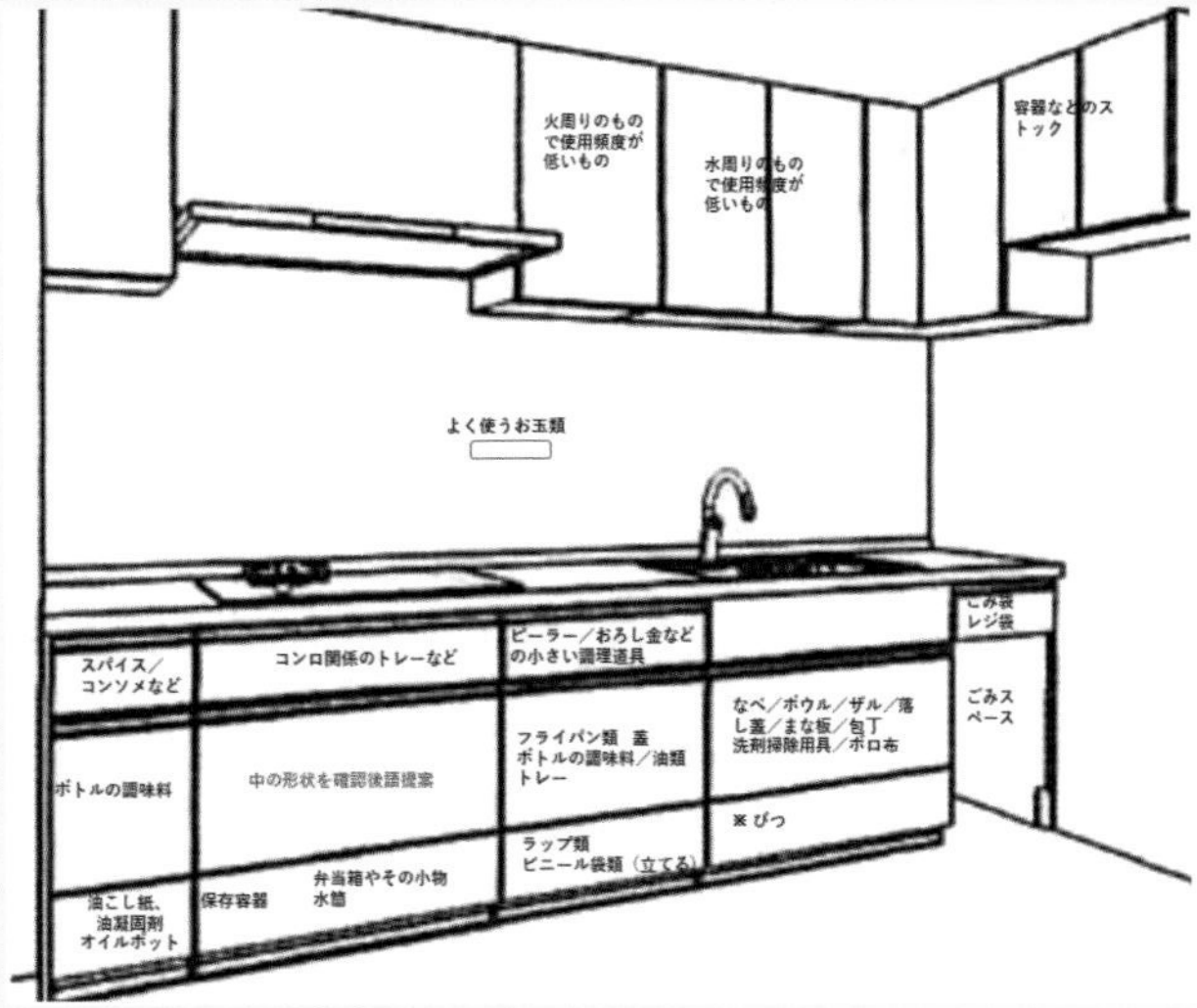

システムキッチン収納設計

レンジの周りには火を使って調理するもの、シンク周りには水を使って調理するものと引き出しの位置や入れ方なども細かくご提案。

助っ人登場！【その二】

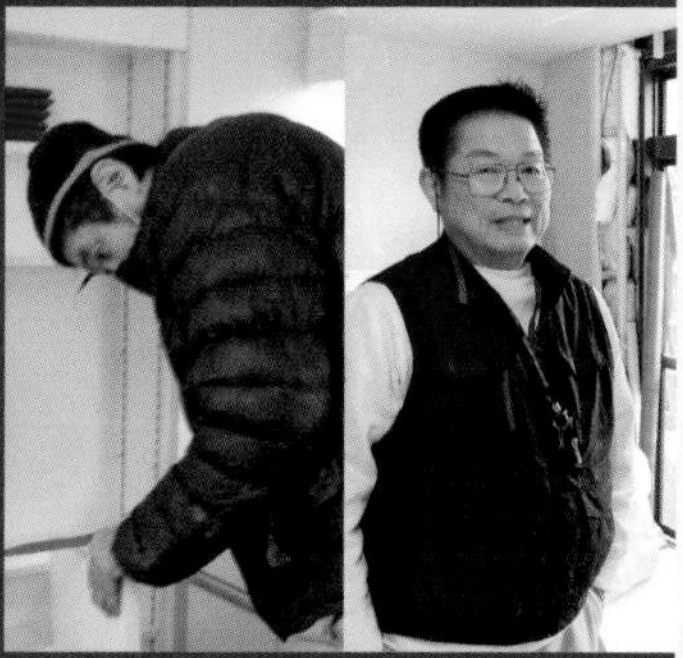

カクさんと磯さん

カクさん（薄井恪司さん）：東聖ハウスシステムで設計から実作業まで細かいところまで相談に乗ってくれる。
磯さん（磯　弘一さん）：磯木工所代表
設計図通りの収納家具を希望通りに作ってくれる。

希望は大概叶えてくれるカクさん

まず、部屋の様子をじっくり観察して、水まわりや火まわり、電気やガスなどの現状を把握します。

壊さないといけないところ、活かして使うところ、追加する窓や段差を取りたい壁や床…また飯田先生が決めた収納用の棚や家具の配置など、あらゆる角度から考えて図面を引き、希望を実現させるのがカクさんです。

そして、フルリフォームが決まると、スケルトンにするために、壁や床をぶっ壊します。

そのあと、最新式の防音断熱材をスプレーして壁の中を埋めます。希望に沿って壁や天井、床の素材を決めます。照明や、カーテンなどもカタログから一緒に選んでくれます。

どうしても譲れないカーチャンの希望もほぼ叶いました。

天井の強度も確認。

柱がないと、広く感じられるね。基礎は入念にチェック。

もともとあったキッチンは昭和イメージ。水の導線だけ確保して！ココからぶっ壊そう！

このでっぱりの部分は
何とか仕切りとして活
かしたいな

注文通り、棚ができてきたら、
寸分の違いもなくきっちり
収まったのをチェックするの
もカクさんの役目。

えっ! ココに窓を作れ?
はいはい、洗濯機置き位置
の上に、窓を開けましょう。

玄関の正面にあるメーター
はかっこ悪いから、側面に
ずらしたほうがいいな。

作れないものはない磯さん

飯田先生と、カクさんの合体した収納棚や、キャビネットなどの設計図から実際にカタチにするのは磯さん。棚に載せるモノも細かく指示されているので、「電子レンジと、トースターを載せるのでしたらこの棚は補強しないと、しなってしまいます」といった、実際の状況を把握した、モノヅクリをしてくれます。

でも、予定通りに収納しなかったり、激しく出し入れする……なんてことがあったら、微調整にすぐに飛んできてくれます。

「使っているうちに使い方が変わっても、より快適に使えるようにします」と頼もしい磯さんなのです。

プリンタ台

テレビ台（の予定でしたが）便利台に

キッチン棚制作中の磯さん

カーチャンの仕事棚

キッチンカウンター

普段使う食器や調味料を並べるキッチン棚

シン田沼邸。完成しました！

BEDROOM

寝室　P38へ

LIVING

リビング　P34へ

TO-CHAN'S WORK SPACE

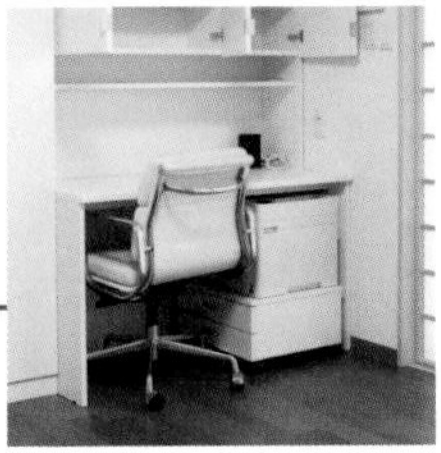

トーチャンの仕事スペース
P36へ

BALCONY

ベランダ　P35へ

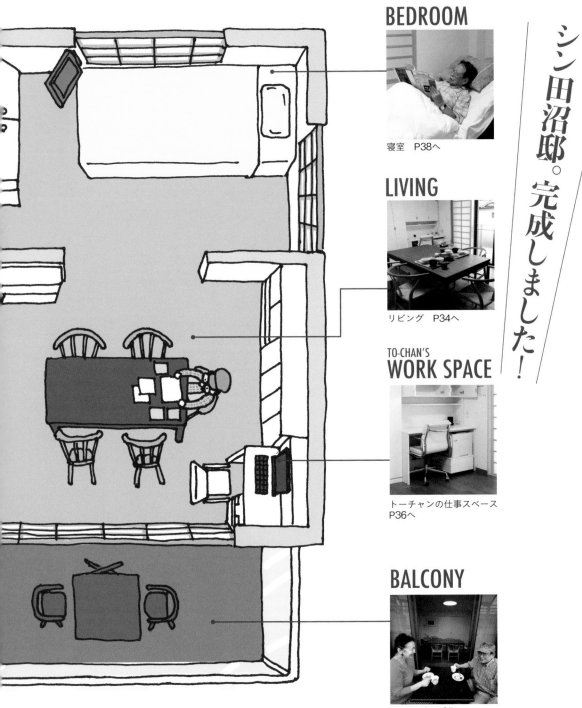

TOILET

トイレ　P42へ

BATHROOM

洗面所・バスルーム　P40へ

KITCHEN

キッチン　P32へ

KAA-CHAN'S
WORK SPACE

カーチャンの仕事スペース
P31へ

ENTRANCE

玄関　P30へ

ENTRANCE

【玄関】

ドアは少し高くして、開閉の向きも変更。インターホンは、相手の顔がわかるものに。正面の壁を塗装し、メーターボックスなどを整えました。滑りにくい床材を使用し、バリアフリーにして安全性を高めました。

【靴箱】

靴や傘も、必要なだけ。あまり詰め込まず、すっきりさせます。この靴箱が、今回のアイディア大賞！です。

（詳しくは　P43参照）

靴箱の上や壁にも好きな作品や思い出の品で気分もアップ！

KAA-CHAN'S WORK SPACE

【カーチャンの仕事スペース】

元は、壁に段差がありました。出窓に変身させ、窓下に小さな段をつけたら、ポータブルテレビも置けます。換気扇も高い位置にして、目線の邪魔になりません。椅子は、診療用の便利なキャスター付き。

【キッチン】

まだ、できたばかりのキッチン。カランは手をかざすと自動で適温の水が出るので両手がふさがっていてもラク。IHとガスのハイブリッドなコンロ、手元が見えるよう照明にもこだわり。

カーチャンはオーブン、レンジ、トースターそれぞれにこだわったものを使いたいので、こんな配置にして奥行をぴったりさせました。塩、砂糖、小麦粉など、使用頻度の高いものはケースをそろえて見栄えよく。毎食使う食器もみせる収納。

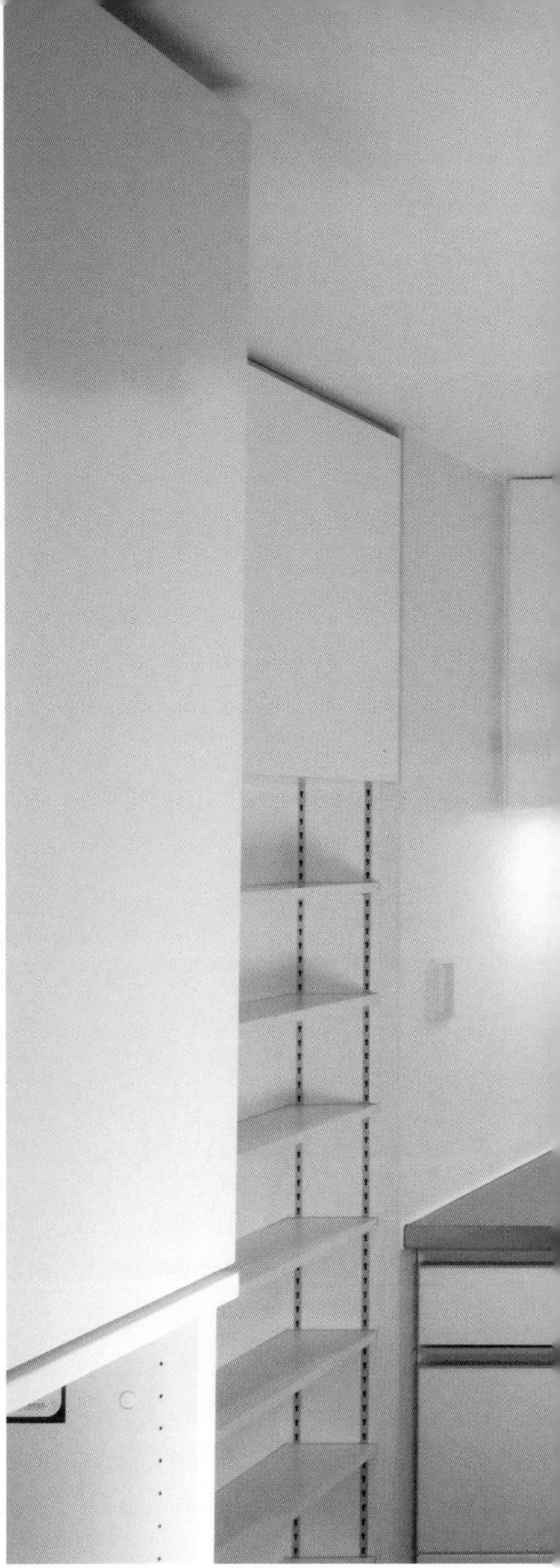

KITCHEN

【リビング】

伸縮自在のテーブルを中心のリビング。打ち合わせや来客時は最大10名座れます。吉村順三風の障子は、カーチャンの希望。床暖房もあるので、敷物はなくても快適。

LIVING

BALCONY

【ベランダ】

リビングの障子と窓を開けると、ウッドデッキのベランダが、バリアフリーでつながっています。もとの手すりは活かして、屋根も付けました。これからハーブやグリーンを育てる予定。カフェテーブルを置いて、ちょっとしたブレイクタイムにお手製のケーキを二人で……。

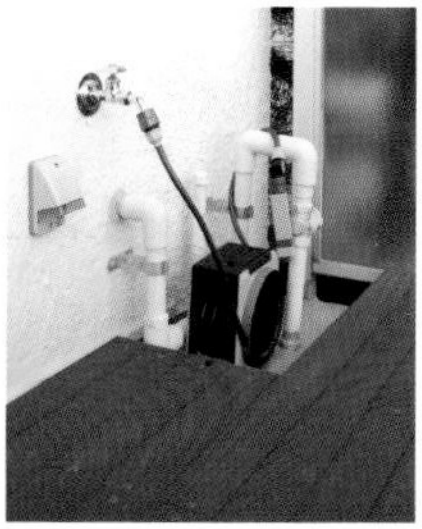

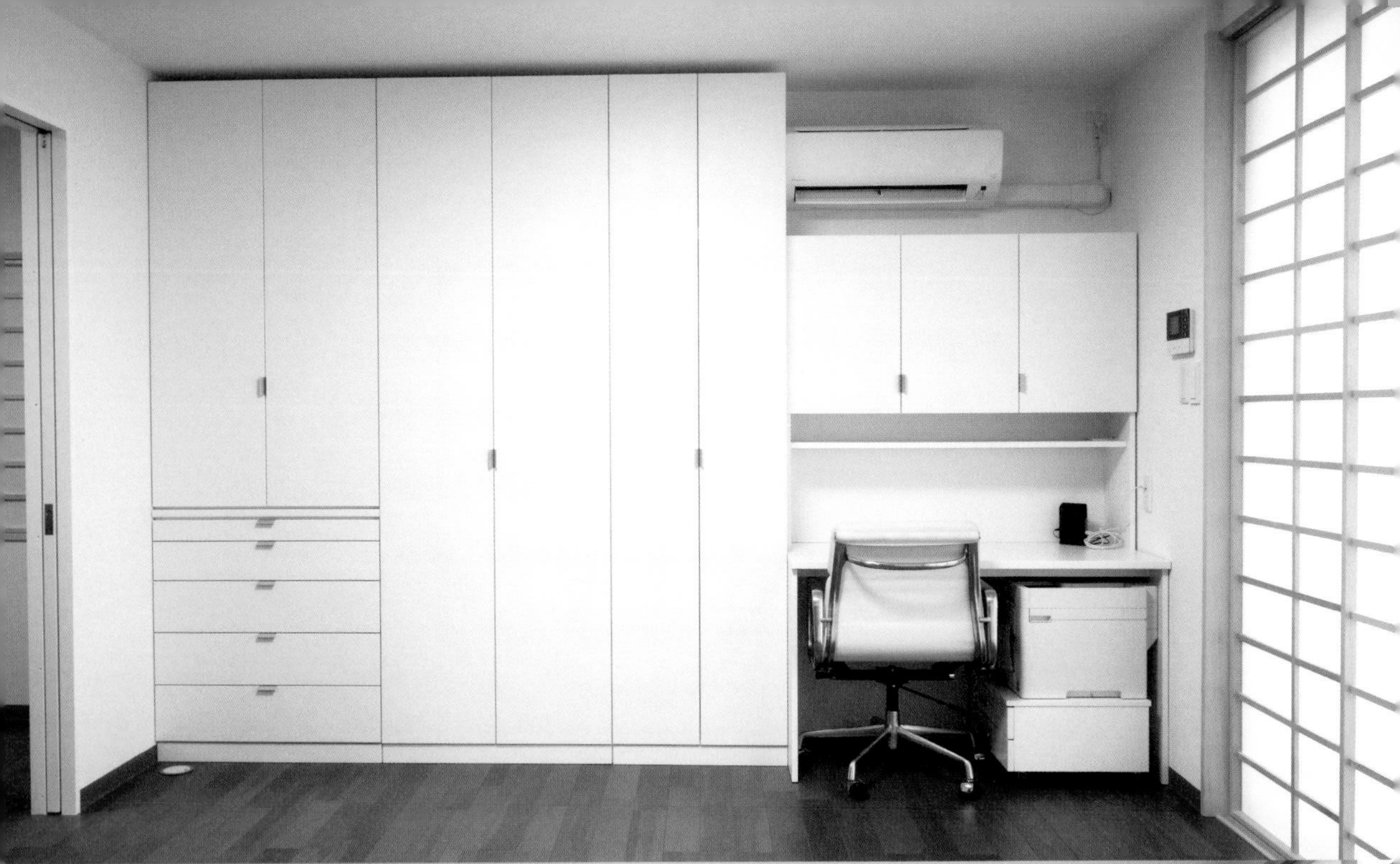

TO-CHAN'S WORK SPACE

【トーチャンの仕事スペース】

今は、まだ忙しくて仕事の資料などの収納は難しい。「追々、追々だね〜」と、トーチャンはのんびり自分のペースで仕事場を築いて行く計画です。棚は、向かって右端のところに、夫婦の衣類や、アイロン、掃除機などの家事道具を収納する予定です。棚にボックスや仕切りでカスタマイズしていくのですが、こちらも追々。

コートやジャケットなど洋服の長さに分けられるようポールに段差をつけた

BEDROOM

【寝室】

部屋のスペースの都合でベッド2台を並べるのではなく、トーチャンは電動で頭部と足元が起こせるベッドを新調。テレビも見やすいし、読書も可能です。カーチャンは腰にいい、マニフレックスのマットを購入しました。床に敷くことで、就寝以外の時には三つ折りに畳んでおけて、部屋も広く使えます。クロゼットには、厳選したものを季節ごとに入れ替えて使用します。

BATHROOM

【洗面所】

毎日替えるタオル類は近くの棚に収納。脱衣所も十分なスペースがあります。洗面台の棚には手が届くところに使うものが置けるので便利なうえ、常に手入れがラクなので、いつも清潔に保てます。

ソファのような座台は
掃除もしやすい

【バスルーム】

自然の空気で換気できるよう壁に窓をあけ、身体が十分伸ばせる浴槽には手すりをつけました。床は滑りにくく、据え付けの棚があるので、掃除がラク。冬場の脱衣所や風呂場の冷気にリモコンで対応できる、浴室乾燥機つきの最新のシステムです。

TOILET

【トイレ】

まるで宙に浮いているような便器、いつでも気づいたときに掃除ができるので清潔に保てます。こちらも窓つき。手すりもついているので、立ち上がる時もラク。小さな温冷風機を足元に置きました。背は収納になっているのでペーパー類と便器の掃除用具はここに。

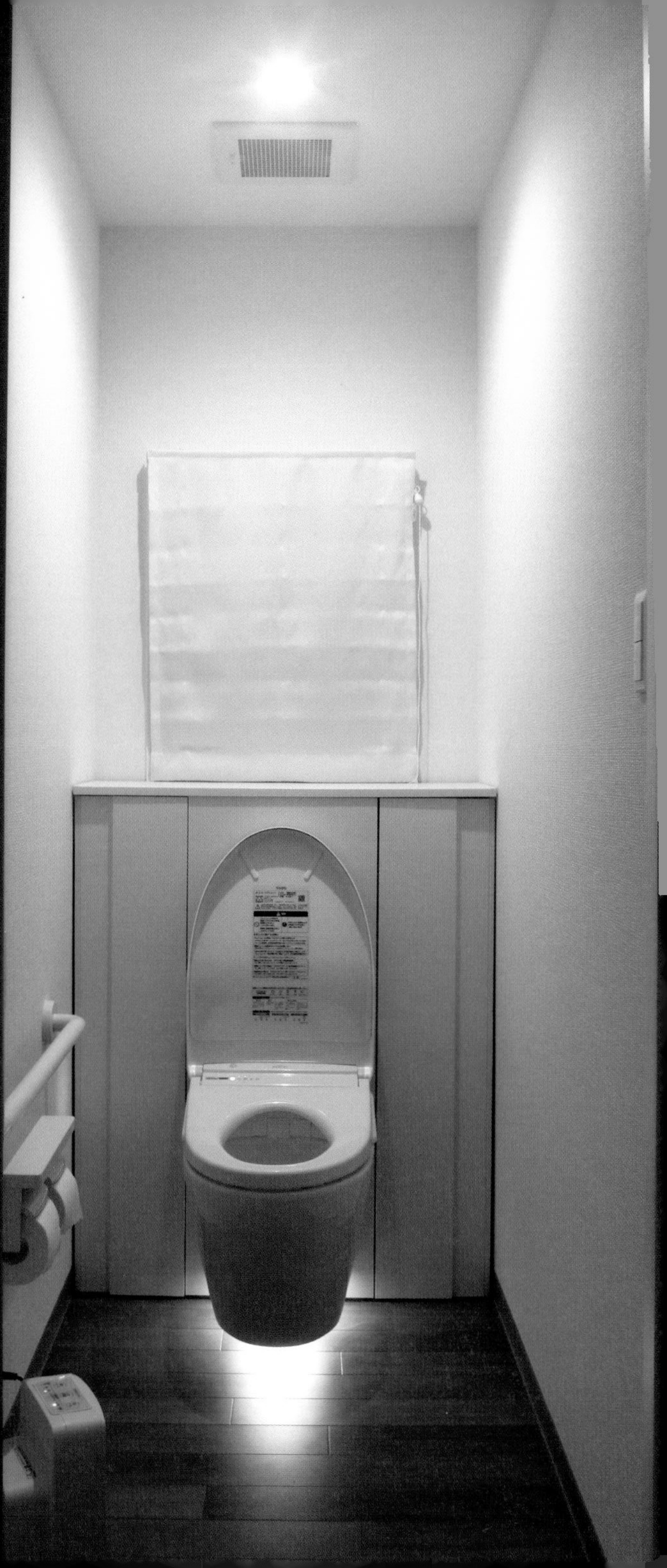

さて、棺桶は出せるか？

画期的！玄関の壁と靴箱がそれぞれに移動できる！

トーチャンが最も気にしていたのがこの部屋から「棺桶出せるか」問題。それを解決したのが、この靴箱です。

一見動かせそうもない靴箱の内側のねじ部分を外すと、簡単に移動できて、外れます。玄関の後ろの移動扉を奥に寄せると玄関のドアから、一直線に、棺桶は十分外に運べるのです。実は、新しく購入した冷蔵庫や、洗濯機を部屋に運び入れるときに、トーチャンは、カクさんに、ＳＯＳ！簡単に靴箱を外すところを見てひと安心したそうです。

新しい家で食べる朝食は格別です。

第三章 活かす

クゥエートの“空飛ぶ”じゅうたん。

モノをとても大切にするトーチャンとカーチャン、家具や家電、食器などをこわしてしまったら、しかるべき所に持って行き、直してまた使っていました。そのほうがますます愛着がわいて使えるからといいます。

もともとリビングで使っていた「ハンス・J・ウエグナー」のYチェア。座面が紙紐で編まれていてとても良いすわり心地。

カーチャンが掘り出しものを見つけたお気に入りの椅子でした。が、あまりにも使いすぎ紙紐の部分がほどけたものが、一脚ほったらかされていました。

「こういういいものは直して新しいところで使いたい」カーチャンは直してくれる業者に運び、美しい椅子は見事に甦りました。

次のページで紹介するのはリビングで使うテーブル。カクさんの力で見事に新品同様です。

そして玄関からの入口に敷いたじゅうたん、トーチャンが30年くらい前に買った大切な「オタカラ」です。高価なので悩み、何度も店に通い無事届くか心配でクゥエートから背負ってきたモノです。

奥のほうにしまったままのモノも今度の家で活かしてあげたい。そして、ますます大切にしたいと思うのでした。

左が修理前のYチェア。紙紐がほどけて使わないままだった。

このテーブル、50年以上前トーチャンが独身時代に気に入って買ったもの。しばらく活躍したのち、ガレージの奥にひっそりおかれていました。ホコリを落としてもシミがあって、ちょっと使うのはためらわれます。でも、粗大ゴミに出すなんてできません。そうだ、直したい！

座面部分の紙紐がすれ、ほどけてしまい使えないままのYチェアは直してリボーン。地球にとってもやさしいことをしたのでした。

見事によみがえった大テーブル。

カクさんはテーブルを見て、「天板のシミや汚れは表面を削って磨いて、チークの柾目仕上げにすれば十分使えますよ。表面は、少し落ち着いた柿渋みたいな色が部屋に合うんじゃないかな?」

①剥離剤を浸透させ乾く前に二人がかりで表面を剥がします。

②水性サンドペーパーで全体を磨き、染み抜き作業。

③チークの専用塗料で塗りムラがないよう丁寧に仕上げます。

①

②

③

写真展の企画はずっと先まで決まっている

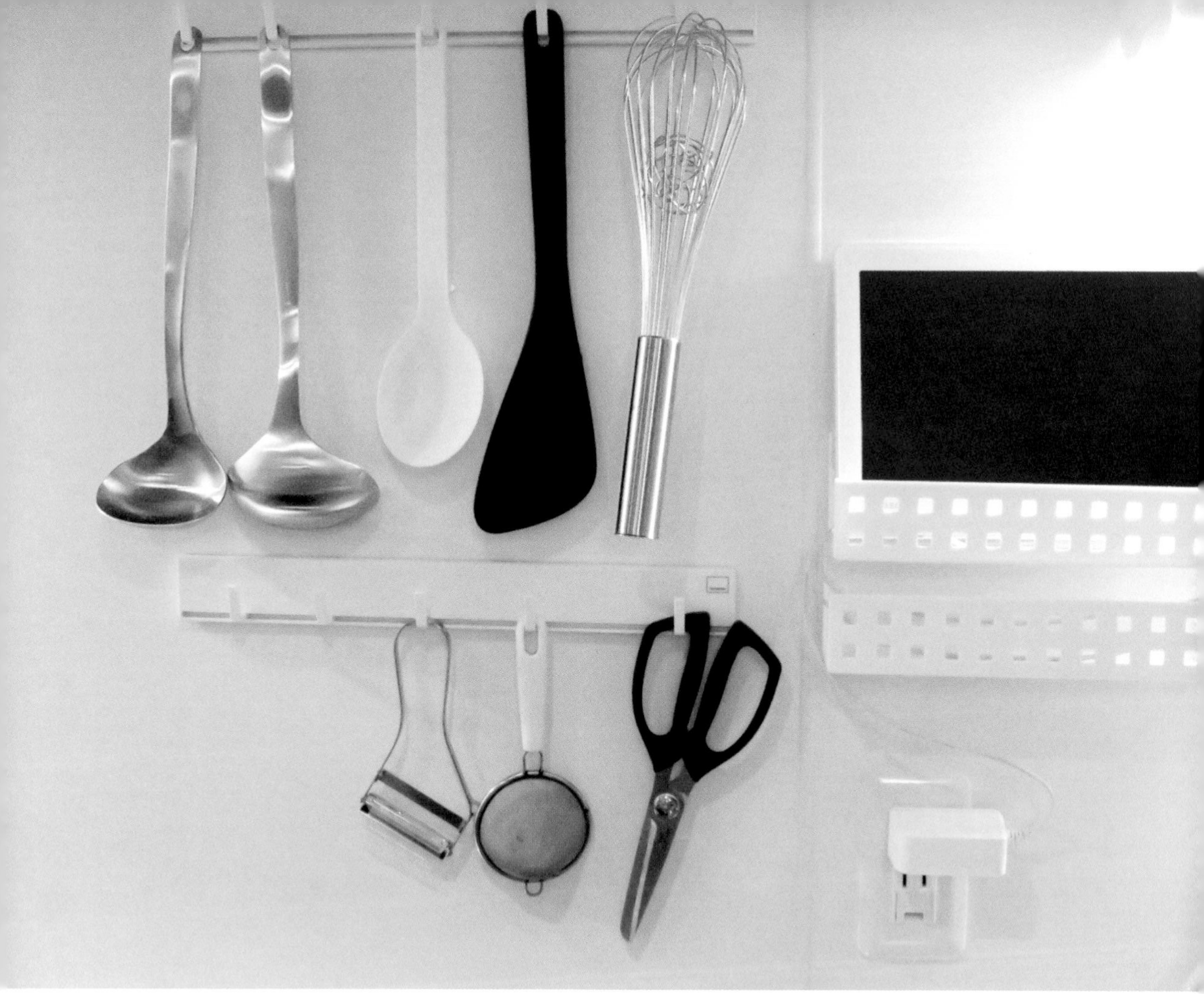

第四章 買い替える

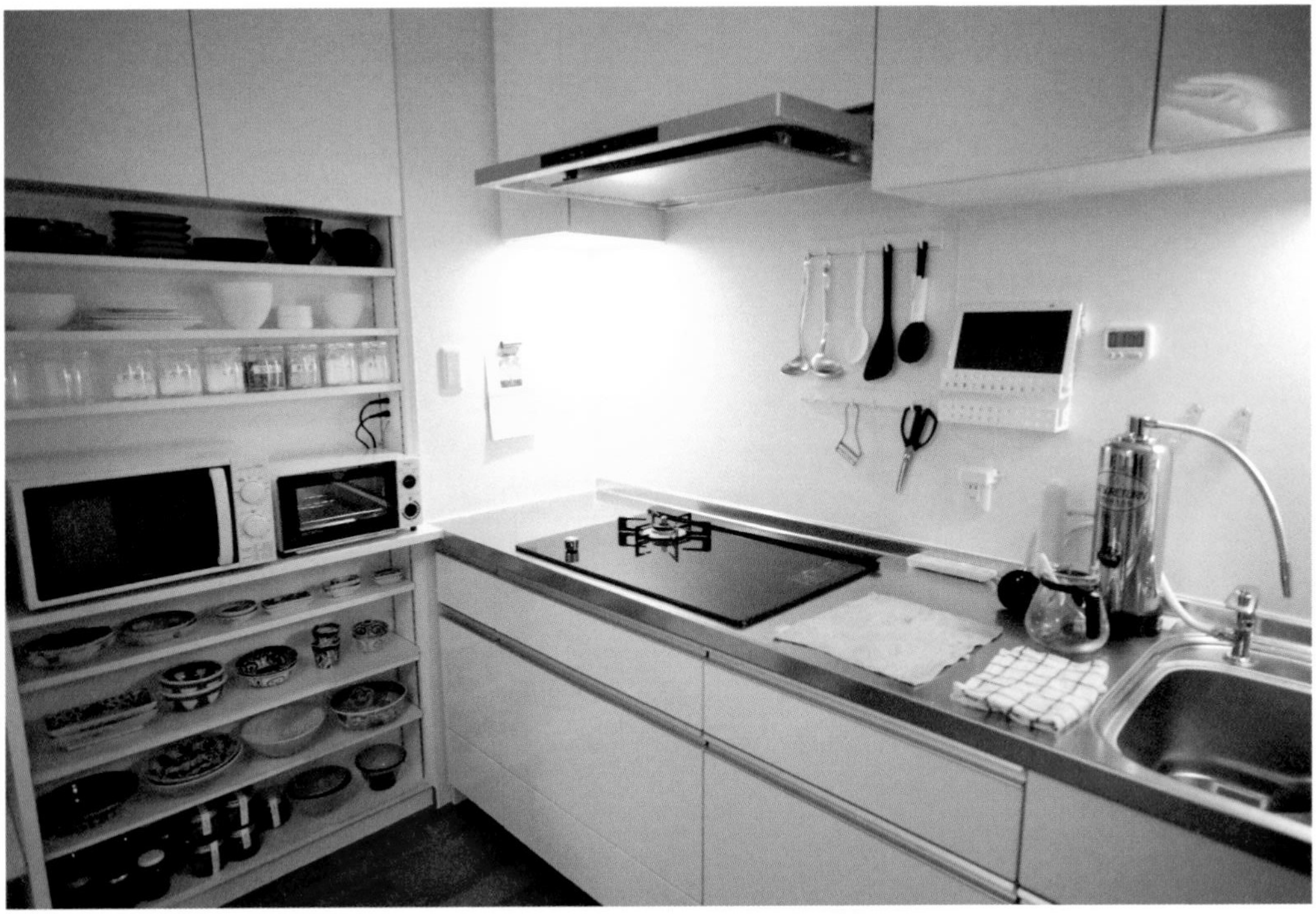

調理小物の多くは合羽橋「飯田屋」で社長のウンチクを聴きながら購入。

家電も精密機器も動かなくなるまで使い切るトーチャンとカーチャンですが、この際、電化製品はすべて新調することにしました。

なぜならこの頃のエアコンも、冷蔵庫も、洗濯機も省エネ設計などで、燃費ばかりか使い勝手もどんどんよくなっているから。

カーチャンは、以前から電気炊飯器と保温電気ポットは使用していませんでした。それ以外は新しく買おうと決めました。大型電気量販店でもらってきたパンフレットをみてスペースを測ったり、スペックをチェックしながら、これからずっと長く使えそうなものを選択。

もちろん、トーチャンも家事はなんでもこなすので、今まで使っているものと、それほどかけ離れていないものを希望しました。

朝、パンを焼いたり、好きな焙じ茶を淹れたり。

だから「電子オーブンレンジ＋α」なんていう、複雑なものではなく目的の決まったシンプルなものを選びました。

寝室にはベッドを二つ並べる予定で、「一台は電動ベッドを買おう」と考えていました。二人で実際にショールームに行っていくつものベッドを試して決めたのが、このベッドで、マット部分がずれないタイプです。テレビを見るときにも見やすい角度に起き上がるのでとてもラクなんですって。

一方、カーチャンは腰に良いとされるマニレックスのマットを購入。使わないときに畳んでおけば、寝室に開放感が生まれます。

オーダー家具①
プリンタ台

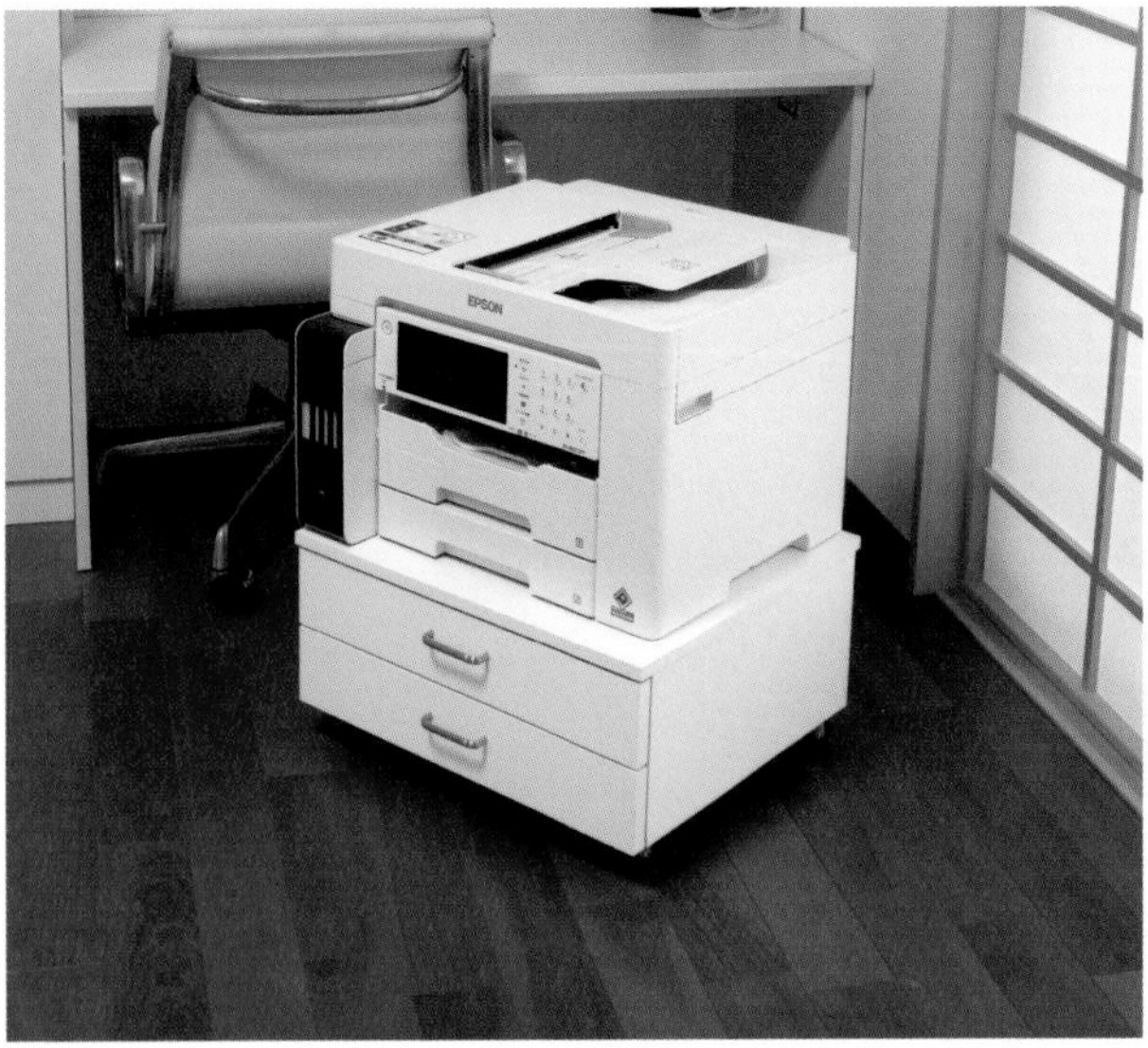

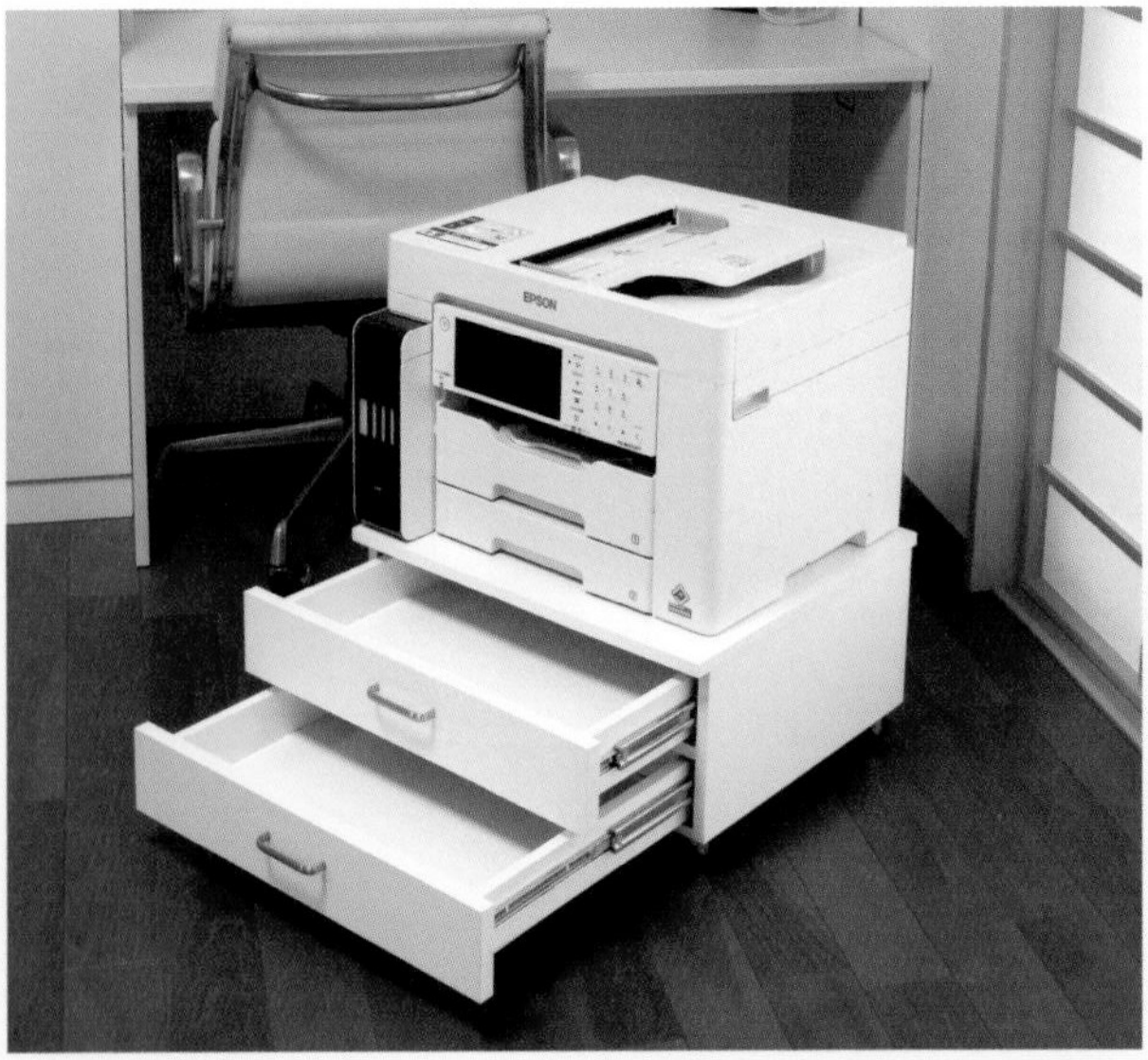

トーチャンの仕事道具の一つであるプリンタも最新のモノに買い替えました。まず、購入予定のプリンタを決めておいて、そのサイズに合わせプリンタ台をイソさんにオーダー。コピー用紙や補充のインクを入れておく引き出しがあるので、能率的。

仕事の時は、キャスターで机の下から出せるから足元も広々使えます。

オーダー家具②
キッチンワゴン

こちらは飯田さん設計、磯さん製作の家具。引き出しがある側と、反対側は観音開きで缶詰などストックしておけます。キッチンでケーキを焼いたり、冷ましたり、の作業台に。キャスター付きなのでオーブンの近くにも、シンクやグリルのそばに置くことができます。

　またひとりランチをチャッチャッと食べるときもここなら気楽です。

冷蔵庫

オーブン

トースター

家電を買い替える楽しみ

◎**トースター**
ポップアップ式ではなく前開きのタイプに。ガラス窓なので、ちょうどいい焦げ目のパンがいただけます。

◎**オーブン**
ケーキやプリンを焼いたり、チキンを焼くのに、高温強火のガスのコンベックションオーブンがどうしても必要ということで、ガスの配管を整えて、専用台をオーダーしました。動線も確保できました。

◎**冷蔵庫**
二人で生活をしているといっても、大容量が必要な冷蔵庫。キッチンのハイブリットコンロ（IHとガス両方ついたもの）には、魚焼きグリルがないため、オーブンは死守したかったのです。

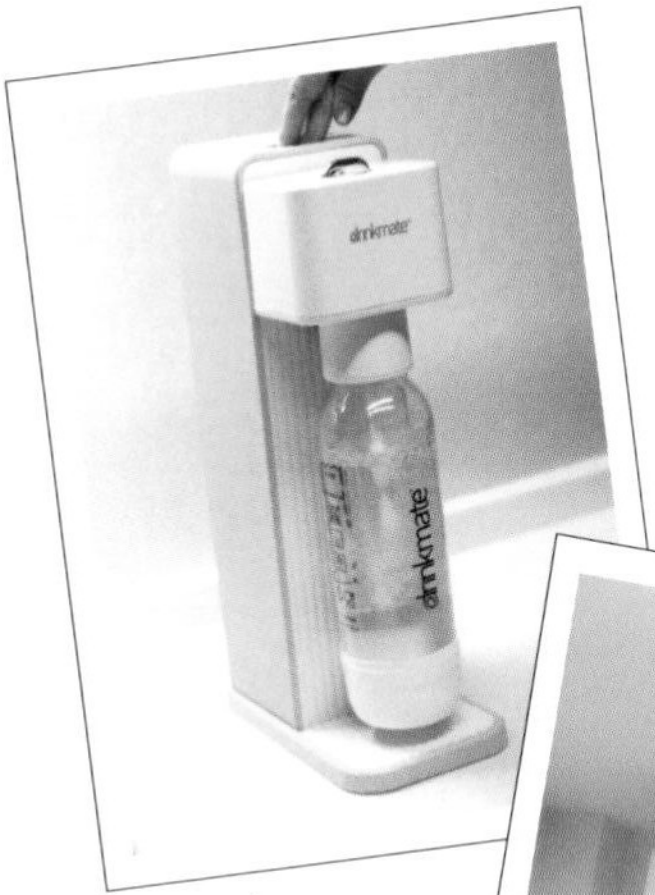

炭酸メーカー

エアコン

電子レンジ

洗濯機

お料理することが大好きでほぼ毎日ごはんやお弁当をつくっているカーチャンは作り置きとお取り寄せの天才でもあるからです。

冷凍庫もある程度大きくて野菜室の温度がキープされる冷蔵庫に決めました。驚くくらい省エネ設計です。

◎洗濯機

初めてのドラム式。浴槽乾燥機もついていますが、「急いで使いたい衣類が出したら乾いている！」という快感が味わえるそうです。

◎電子レンジ

こちらは毎日温めに使うだけ。安くて棚の奥行にあうもので使いやすさを優先しました。

◎エアコン

寝室と、リビングに1台ずつで、充分。手入れが比較的ラクなものにしました。

◎炭酸メーカー

カーチャンがどうしても欲しかった炭酸メーカー。これ1台でペットボトルの消費量がぐんと減りました。

新調するものは自分にとって快適であるのかが大事。

第五章 収める

旧仕事場（仕事のたびに場所を点々としているので）みんなこの状態。

何を持ってきて、何を置いてくるか……、本当は、元の家で処分してから新しいところに持ち込むのが普通です。でも元の家を追い出されるわけでもないので二人はのんびりしています。

コツコツと何度にも分けて大好きな食器を運び込むカーチャン。今まで使っていた冷蔵庫やストックルームからも少しずつ整理しながら必要なものを選んでいます。

ところが、トーチャンの膨大な資料や写真作品や原稿の数々はすぐに整理できる量ではありません。おそらく国宝級の貴重なものもあるに違いないから、簡単に処分できないのです。

でも、次回の展覧会や、新刊の打ち合わせ、原稿の執筆などでトーチャンはリビング兼仕事スペースにいることが段々多くなってきました。

「収納は自分のペースでボチボチとやっていくよ。慌ててもしょうがないからね。何か作業中に足りないものがあると、元のうちに取りに行けるから、便利だね。引っ越しっていう感じにはならないけど、少しずつ自分のやり方で収納しながら馴染んでいきたいと思っているよ」

トーチャンは、トーチャンの場所を、カーチャンはカーチャンの場所をそれぞれが居心地の良いように作っていく途中なのです。

収納とは家の中にそのモノの指定席を作り、元に戻すこと

良い指定席を決め、維持するための

飯田久恵の
モノが片付く5つのステップ

整理する

STEP1　モノを持つ基準を知る

これからどんな空間で、どんな暮らしをしたいのかをイメージします。それに使うモノが必要なものです。それを基準に不要なモノは何かを考えましょう。

STEP2　不要品を取り除く

必要なものがわかったら、それ以外の不要なモノを取り除く。ここで、重要なのは，①今から15分だけ、と時間を区切る②場所と範囲を限定する③中から全部出さず、間引きする。

指定席を決める

STEP3　置く位置を決める

「ここにあれば便利」と思う場所が、自分にとっての正しい置き場所。すべてのモノに「コレはココ」という定位置を決める。STEP1，2でモノを十分に減らして置き場所を決める。

STEP4　入れ方を決める

置き場所が決まったら、次は、ラクに出し入れできることを考えます。例えば、引き出しの中を仕切って同じ種類のモノを入れるなど、を実行します。

片づけ

STEP5　快適収納の維持管理

STEP4までで指定席を決めたら、それを維持するために、①使ったらすぐその指定席に戻す②ムヤミにモノを買わない、もらわない、と心がける。それでも片づきにくくなったら、ステップ1に戻りまた順に実行します。

片づけがなくなったら（STEP1へ戻る）

※飯田久恵著『「出し入れ」楽チン！クイック収納術』より

飯田先生の提案した「置き場所」

1　カーチャンのモノの収納場所
キッチン内にできたカーチャンの仕事スペースには料理関連の本や資料、文具、家庭事務のファイル、よく使うバッグを。上の棚にひざ掛けなどを入れても。

2　トーチャンのモノと暮らしの道具収納
右端デスク上とその左一連の棚は、トーチャンの仕事の資料や書類、文具やPCなどのマニュアルを。その左側の一連の棚は家事に必要なアイロンや掃除機、紙袋や薬箱などを。全て可動棚なので、高さを調整したり棚を外したりして、使いやすくできる。

3　衣類の収納
左端家具の下部引き出しは、下着や靴下などの衣類を。最上段はアクセサリー。上部の棚は、クローゼットに入りきれない服をブティックの様にたたんで収納。

4　両サイド使用の予備収納
寝室とキッチン堺の引き戸の上にも収納を。入れるものによって、両側の部屋から取れるようにした予備の収納スペース。

3

4

1

キッチンの収納

軽い漆器などは上の棚に。よく使う調味料や粉類には間違えないようにラベルをつけた。ふだん使いの食器は基本二人分をあえて見える収納に。取り出しやすい高さに棚を調節して快適です！

クローゼットの収納

ハンガーをそろえることで、一目で服を選べる。下の段はカーチャンの寝具を入れることも。ひと部屋分の衣類が二人分…ここには着る頻度の高い選ばれた季節ごとのモノだけになりそうです…

明《みん》の染付「芙蓉手」はカーチャンが100点以上集めたモノ。

第六章
楽しむ

「トーチャン驚いてくれるかな?」

夏休みに入る少し前、カーチャンはホームセンターでベランダ用のカフェテーブルセットを購入しました。そっと運び入れて、次の朝ご飯をソコに用意してパリのムードに…なんていう妄想を抱いていました。

そう、カーチャンは普段からサプライズが大好き! いつも楽しいことや面白いことを考えています。そんな毎日でずっとやってきました。トーチャンも、驚かせられながらニコニコ喜んでいます。

「アウトドアも悪くないね。いつもの紅茶がおいしいよ」


カーチャンは毎日2時間以上の車通勤で、時々腰が悲鳴を上げますが、これまでは、ストレッチをする場所も時間もありませんでした。

「ココでは、前に買った「ストレッチポール」を床で試せるのよ」

試すだけじゃなくて、日課にすると腰にもいいはずです。


いつも忙しくいろいろな場所に飛び回っていた二人。それは今でもあまり変わりませんが、このあたらしい場所でもたくさんの仕事や思い出や経験ができるといいなぁ…とカーチャンは思っていました。

トーチャンも「まだまだ馴染むまでには時間がかかる」と言いながらも少しずつココにいる時間が増えてきています。

「トーチャン、これからも、ずっと仲良く健康で暮らしていこうね」

リビングの中心は大きなテーブル

まだ、こちらのキッチンも落ち着いていないので、朝ご飯や、ランチなどだけでも、このテーブルでいただきます！元のリビングのように書類の山が置いてないから、すっきり。いつも以上に会話も弾みます。

ランチトレーは長年愛用のモノですが、こちらも木が反っていたので磯さんに直してもらいました。トレーを使えば後片付けも簡単です。

エクステンションで左のテーブルを伸ばせば10人くらいまで座れます。イキなテーブルコーディネートで、大皿料理も映え、"秘蔵の"食器たちも日の目を見た感じです。

広い床でストレッチポールも活躍

終章
シンプルな老《スロー》ライフ

最新家電やシステムは結局(得)

なんでも買い替えたほうが良いわけではありませんが、最近5年ほどは環境にも配慮した家電が中心となってきました。省スペース大容量の冷蔵庫や、掃除のいらないエアコン……選ぶのも楽しい時間です。

ビックリな引き戸システム

リビングと、キッチンは、4枚の引き戸で分断できます。そして、それぞれの戸がガタガタしないように通過するときに床のマグネットから支えが出て固定されます。両端に収めるときは丸くてかわいいアクセントにもなる、優れものです。

LIVING

BEDROOM

リモコンで快適

もちろんバキバキ動けるトーチャンですが、リモコンがあれば起き上がってからの転倒防止にもなります。ベッドやテレビの操作はお手のものですが、たくさんのリモコンが手元にあると、混乱しそうなので、良策を考え中です。

リモコンで寝ながら窓の電動シャッターを閉められる。

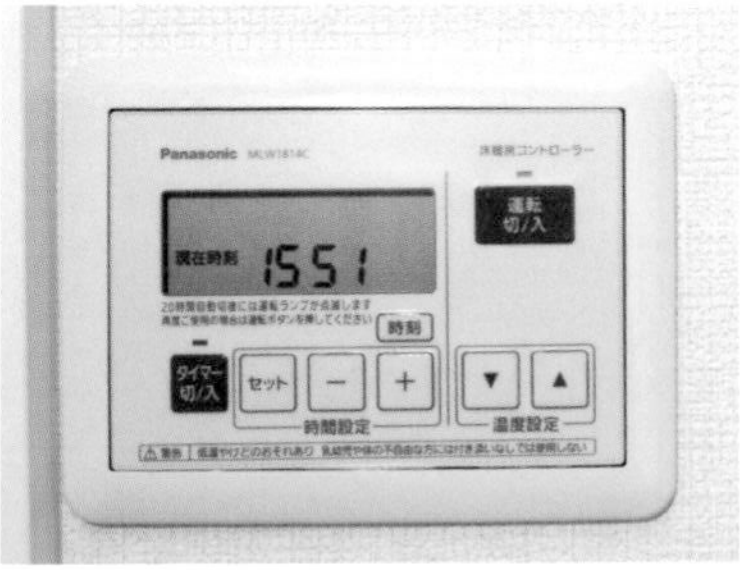

床暖房のコントローラー。

触りやすい大きいスイッチと明るさ調整できる照明用リモコン。

KITCHEN

手かざしカラン

両手がふさがっているときにものすごく便利。手をかざすと自動で水が出るカランです。

歯医者さんのカーチャンが、いつも職場で使っているシステムなので超〜希望していました。

ハイブリッドコンロ

IHが主流のシニア向けのコンロ。でも、火力の強い料理をするのに、「ガスコンロは欠かせない。有次の雪平鍋を使い続けたい」とカーチャンは探しに探しました。IHとガスの両方あるコンロは一社のみ。

TOILET

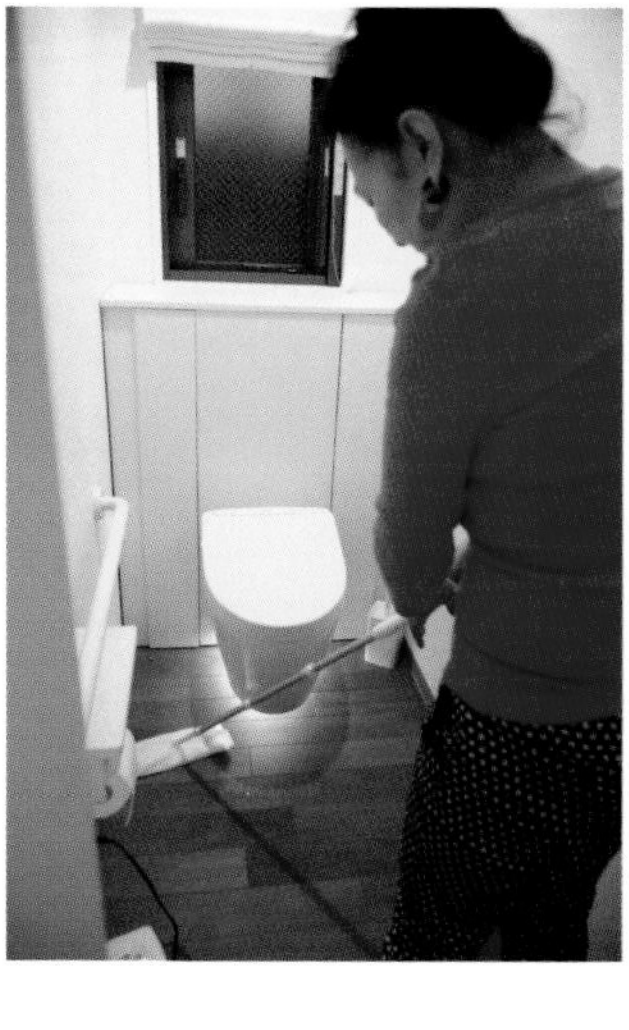

簡単に掃除ができるのは楽

宙に浮いたようなトイレの便器も、お掃除がしやすくて大満足！「トイレは毎日きれいにしておきたい」カーチャンは積極的にお掃除。床に向けられたライトで隅々まで目が届きます。窓を開けられるのも、カーチャンの希望です。両サイドに十分スペースがあるので、もしもの時にもラクにお世話できます。

好きなモノに囲まれると愉

好きなモノが周りにあるとテンションが上がる事をカーチャンは知っています。それが、ペンダントライトだったり、取っ手を握ったときのぬくもりだったり…。

吉村順三風の障子

皇居の建築などにもかかわったとされる建築家・吉村順三氏の一枚の格子模様に見える障子。寝室の二つの窓とベランダに面したリビングの大窓に採用しました。統一感が生まれて落ち着いた雰囲気が生まれました。

カーチャンの一番の希望でした。

キッチンのペンダントライト

カーチャンはアンテナショップで見たレ・クリントの照明にひとめぼれ。「レ・クリント スワール」のらせん状はどこから見ても光源の電球が見えません。

トイレの取手

鍵や、建具金物を扱っている新橋の堀商店の取っ手。以前から使っていて握りやすいので同じものを購入。この家で取っ手があるのはこのトイレだけ。

あとがき

わが家は階段が多い。地上から玄関まで29段、玄関に入ってから居間に着くまでさらに内階段15段上らなければならない。幸い、まだ自分の足で上り下りできるが、私の年齢ではいつ車椅子のお世話になるかわからない。そうなってから住む場所を考えるのでは手遅れになる。構造上エレベーターがつけられないので近くにマンションを借りることも考えたが、今ある家財道具や写真の資料を移動することを思うと、とても入れる場所はない。考えた末、仕事場に使っていた一部屋を改築して、そこに住むことを決め、施工会社にお願いした。

まず元の部屋に入っていた荷物を動かす。結果ガレージ一台分のスペースが占領されてしまった。一戸分の部屋の内部を取り払う。五十数年前の東京オリンピック頃に建築した時代がよみがえる。そんな昔を感傷する間もなく工事はどんどん進んでいく。私はできればわが家で最期を看取ってもらいたいと考えている。しかし、私はたくさんの家族や先輩、仲間たちを見送ってきた経験から棺桶がスムーズに家から出ない場面に何度も遭遇していた。なので設計図を見て一番先に思ったのが、「スムーズに棺桶が出せるか」ということであった。初めの図面ではとても出ない。ベランダから下ろされるのはとてもかなわない。設計変更をお願いして玄関から出せるようにしていただいた。

これで最悪の事態にはならず安心した。キッチン関係はカーチャンのテリトリーである。私自身は車椅子のことも考え、バリアフリーにしてもらった。〝新居〟は理想通りになったが、気を許すと旧居のような荷物の山になりかねない。そうならないように気を付けながら、少しずつ、少しずつ引越しをしている。でも生活するには荷物の山の中で暮らしたほうが便利であり、落ち着くのも偽らざる事実である。

撮影／東松友一

田沼武能（たぬまたけよし）
写真家。1929年、浅草の写真館の家に生まれる。1949年東京写真工業専門学校（現・東京工芸大学）を卒業後、サン・ニュースフォトスに入社。ここで木村伊兵衛と出会い、師事する。1955年から2015年まで日本写真家協会会長。2003年文化功労者に選ばれる。現在も主に世界の現状や子供たちの姿、武蔵野の自然など幅広く撮影する。2019年写真分野としては初めて文化勲章を受章。

田沼敦子（たぬまあつこ）
歯学博士・料理研究家。千葉市「高浜デンタルクリニック」院長。本業のかたわら、身近な食材を使って自然にかむ回数が増える料理「噛むカムクッキング」を提唱。またオンラインショップ「清薫洞」を運営。http://tanuma-atsuko.com
焼菓子「マジックタルトタタン」が大好評。

◎参考文献
飯田久恵の「出し入れ」楽チン!クイック収納術
（セミナーのテキストです）
未来へ架ける世界の子供　田沼武能写真集
（クレヴィス）
田沼敦子のおいしさおすそ分け
（かまくら春秋社）

◎インデックス
ゆとり工房　http://www.yutori-cobo.co.jp/
東聖ハウスシステム　03-3208-3130
磯　木工所　048-998-2767
飯田屋　03-3842-3757

棺桶出せるか
～田沼家の快適リフォーム顛末記

2021年10月26日　初版第1刷発行

著者　田沼武能　田沼敦子
発行人　鳥光　裕
発行所　株式会社　小学館
〒101-8001
東京都千代田区一ツ橋2-3-1
編集　03-3230-5515
販売　03-5281-3555
印刷所　凸版印刷株式会社
製本所　株式会社　若林製本工場

撮影◎田沼武能　岩田修一　松田綾子
ブックデザイン◎村井香里（タイムマシン）

編集　◎小野綾子
編集協力　◎原田実可子
販売　◎齋藤穂乃香
宣伝　◎阿部慶輔
制作　◎宮川紀穂

Printed in Japan　ISBN978-4-09-310692-4

文化勲章受章記念の夫婦写真（伊勢丹写真館撮影）